Primera edición: noviembre de 2018

© 2018, Diego Mir
Autor representado por Carmona Literary Agency
© 2018, Penguin Random House Grupo Editorial, S.A.U.
Travessera de Gràcia, 47-49. 08021 Barcelona

Printed in Spain — Impreso en España

ISBN: 978-84-17001-49-0
Depósito legal: B-22.899-2018

Impreso en GraphyCems
Villatuerta (Navarra)

PB 01490

Penguin
Random House
Grupo Editorial

Diego Mir

EL PADRE DEL AÑO

PLAN **B**

Comienza tu aventura.

Instrucciones: elige tu respuesta en cada situación y sigue
la lectura yendo directamente a la página indicada
en dicha respuesta.

Las páginas con fondo negro
indican que debes volver atrás
en la narración.

Las páginas con fondo rojo
señalan el final de
tu aventura.

**Un consejo: utiliza el marcapáginas que encontrarás en la
solapa del libro para saber de qué página vienes. Te puede ser
muy útil si debes retroceder en la narración.**

Buena suerte ☺

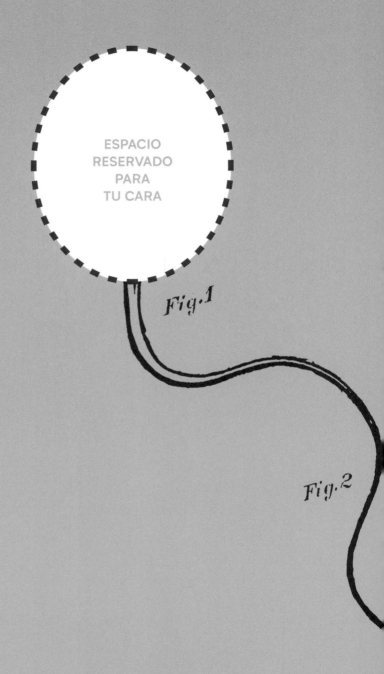

ESPACIO
RESERVADO
PARA
TU CARA

Fig.1

Fig.2

Capítulo primero
El embarazo

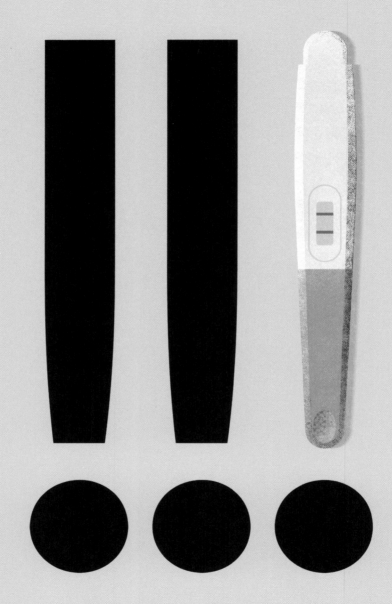

Hoy ha sido otro día tranquilo, previsible y perfectamente normal en tu tranquila, previsible y perfectamente normal vida.

Todo ha ido según lo esperado y ahora estás relajándote en tu sofá, mientras ejercitas tus abdominales con una cerveza. Pero tu chica ha llegado a casa más feliz de lo habitual y te ha enseñado un extraño artilugio con dos rayitas rojas.

¿Cuál es tu reacción?

① Lo destruyo. Sin artilugio ni testigos, aquí no ha pasado nada. → **14**

② Me voy "a por tabaco". → **10**

③ Estoy muy feliz. Debe de ser el día más emocionante de mi vida. → **11**

④ No tengo ni idea de lo que significan las dos rayitas, de hecho ni siquiera sé qué es ese cacharro. → **12**

Aunque pueda parecer una buena idea, no lo es en absoluto.

Si lo decías en sentido literal, vas a hacer frente a muchos gastos a partir de ahora, así que los vicios no van a ayudar a la economía familiar. Si lo decías en sentido metafórico:

① Por el bien de todos, o al menos para alargar la lectura de este maravilloso libro, voy a volver atrás y a cambiar mi respuesta. → **9**
② Estoy decidido a desaparecer. → **23**

Eso está muy bien, pero...

¿Cuánto valoras tu tiempo libre?

① Muchísimo. Dedicarme tiempo a mí mismo es fundamental para mi equilibrio emocional. → **16**

② Lo normal. Me gusta sacar algo de tiempo para practicar deportes de riesgo. → **18**

③ ¿Mi qué? Yo no gasto de eso, así que no lo voy a echar de menos. → **21**

Esto promete.

¿Te suenan de algo las palabras de la derecha?

① Alguna de ellas me suena. → **24**
② Son nombres *Pokémon*. → **34**
③ Llevo unas cuantas páginas leídas y aún no
   entiendo el funcionamiento del libro. → **5**
④ ¿En qué equipo juegan? → **116**

Meconio

Colecho

Lactancia

Celibato

Tetina

Crianza

¿ERES TON

NO FUNCIO

MUCHOS LO

INTENTADO

— Vuelve atrás y cambia tu respuesta.

O? ESO

NA ASÍ.

HEMOS

ANTES...

¿Eres rico?

No es que quiera asustarte, pero piensa en tu bebé como un vampiro en miniatura. ¿Lo visualizas? Bien, pues ahora sustituye tu sangre por dinero. Carrito, cuco, silla de seguridad para el coche, pañales, cuna, papillas, más pañales, ropa que dura un mes, bañera, guardería, más pañales, vacunas, biberones, leche de fórmula, más pañales, medicinas, juguetes... ¿He nombrado ya los pañales?

Y no hace falta que te diga que tu tiempo libre va a estar condicionado también por tu bolsillo.

Ok, creo que ya lo has entendido. Ahora contesta a la pregunta: ¿eres rico?

① Sí. → **19**
② No. → **34**
③ Pertenezco a la clase media. → **62**

¿Estás contento y te gusta el riesgo? Sin duda tienes madera de padre.

Olvídate de tu tiempo libre, pero estás listo para pasar a la siguiente base. → **21**

¿Eres un rico feliz? Se supone que el dinero no da la felicidad, así que debes de ser futbolista o un ignorante, o posiblemente ambas cosas.

En cualquier caso, el dinero va a ser un muy buen aliado. Puedes continuar con tu aventura. → 28

Comienzan los síntomas físicos. En cuestión de días, el estómago de tu chica se ha convertido en territorio comanche.

Si tiene suerte, puede que la acidez y los vómitos le duren unas semanas. Pero en el peor de los casos podría tirarse nueve meses con fuego valyrio en su interior.

¿Qué puedes hacer al respecto?

① Ser paciente, cariñoso y comprensivo. → **28**
② Cuando le entren arcadas, diré «*Dracarys*» y lo filmaré con el móvil. → **14**
③ Me iré a casa de mi madre y volveré dentro de nueve meses. → **26**

Eres
una persona
horrible.

En cualquier caso, si tienes claro que quieres esfumarte, te recomiendo que quemes este libro para eliminar cualquier rastro de tus huellas. Tampoco deberías descartar un cambio de país y de identidad.

**Puede que no seas
un caso perdido.
Probemos con algunas
palabras más sencillas:**

CHUPETE,
PAÑAL,
SUEÑO,

LLANTO, MOCOS, BIBERÓN.

Estas te suenan más, ¿verdad? Bienvenido a tu nueva vida. ¿Cómo te sientes?

① Muy feliz, ¡voy a ser padre! Hace tanto que he esperado este momento... → **21**
② Muy confundido, ¿voy a ser padre? Hace tanto que no tenemos sexo... → **40**

Err

ror

Ha llegado el momento de preparar tu mente para uno de los mayores retos de la paternidad. Digamos que, dentro de unos meses, tu relación con Morfeo pasará a ser complicada.

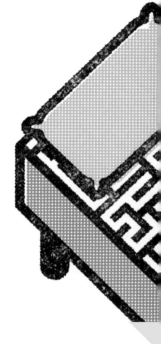

En una escala de 0 a 10, ¿cuál dirías que es tu nivel de tolerancia a la falta de sueño?

① 0 absoluto. Cuando no duermo soy como Pérez-Reverte con resaca de Jägermeister. → **116**

② Entre 1 y 5. Me cuesta contener mis instintos asesinos cuando duermo poco. → **34**

③ Entre 6 y 9. Soy autónomo, nosotros no trabajamos ese artículo. → **30**

④ 10. Soy cinturón negro de los búhos, el sueño no va a ser un problema. → **36**

¿Autónomo y padre? Veo que te gusta vivir al límite… ¿Alguna vez has oído hablar del término conciliación?

No hace falta que respondas, es evidente que nunca lo has oído, porque si no ya sabrías que ser padre y autónomo es incompatible. De hecho, ser persona y autónomo es incompatible.

Así que, ¿qué vas a hacer al respecto?

① Dejaré de ser autónomo. → **32**
② Dejaré de ser persona. → **36**
③ Nada, está todo bajo control. Mi mujer tiene trabajo y sueldo fijo. → **62**

¿CON-
CI-
LIA-
QUÉ?

Es una decisión muy sabia.

Lo mejor que puedes hacer es buscarte un empleo
fijo en algún sector con futuro en este país,
por ejemplo, en la construcción. Ah, no, espera...
Prueba con... mmm... esto...

Vale, mejor vuelve atrás y cambia tu respuesta. → 30

Eres capaz de abstraerte en momentos críticos. Eso puede ayudarte a relativizar los problemas y a hacerlo todo un poco más llevadero.

Estás listo para la siguiente prueba.

① Si nunca has visto un parto. → **42**
② Si necesitas tener estabilidad económica y laboral antes de criar. → **62**

BUI
SUB

ENA

RTE

Hoy habéis tenido vuestra primera ecografía. Así es como ha ocurrido todo en tu cabeza: han tumbado a la mamá en un sillón rodeada de más botones que la Enterprise, la han embadurnado de vaselina y le han restregado por la barriga el mando de la Wii, mientras en la tele tenían puesto el Canal +.

El primer subidón viene cuando os confirman que el bebé tiene todo en su sitio (eso siempre es un alivio). Sin embargo, el momento relax desaparece solo unos segundos después, cuando activan el sonido de la Enterprise y comienza a sonar lo que dirías que es Chimo Bayo en sus mejores tiempos. Lógicamente, os habéis asustado, ya que nadie está preparado para tener un pequeño Chimo. Pero ahora viene lo mejor: os confirman que eso que escucháis son los latidos del corazón de vuestra criatura. *¡Wow!*

¿Cómo reaccionas?

① Lloro. ¡Estoy escuchando su corazón! → **38**
② Pido que me hagan una ecografía a mí también. Me hace ilusión escuchar mi estómago haciendo la digestión. → **136**
③ Ya no puedo contenerme más: necesito hacerme con el mando de la Wii y jugar al *Mario Kart*. → **76**

Apuntas maneras como posible Padre del Año. Sin embargo, a continuación debes enfrentarte a una de las pruebas más duras: comienza el Festival de las hormonas. → 39

Tu chica se ha convertido en una montaña rusa emocional: hoy ha llorado de pena mientras veíais un capítulo de *The Office*. Al intentar consolarla, te ha dicho que se siente muy afortunada por tener a su lado a alguien como tú y que nunca había sido tan feliz.

Después, sin venir a cuento, te ha gritado y te ha echado en cara que siempre le das consejos cuando lo único que necesita es que la escuches. Durante la discusión, se ha comido su postre y el tuyo, claro. Entonces ha vuelto a llorar porque su figura ya no volverá a ser la misma.

De repente te ha mirado con cara de odio y te ha amenazado con la castración si la dejas por alguien más joven y delgada, a lo que tú has respondido que eso jamás ocurrirá, que no la quieres por su físico. «¿Por qué no? ¿Qué tiene de malo mi físico? —ha preguntado ella levantando una ceja.» A lo que tú respondes: «Quería decir que eres perfecta y que te quiero como eres, con tus defectos e inseguridades.» Eso la ha emocionado y ahora has hecho que llore de felicidad. Te abraza con fuerza y te agradece que seas así y que la vayas a querer siempre, incluso cuando esté gorda y cansada.

¿Qué pasa en estos momentos por tu cabeza?

① Solo hay que aguantar unos meses más y luego todo volverá a ser como antes. → **26**
② Cuando dice "gorda", supongo que se refiere a un poco rellenita, ¿no? → **136**
③ Si todos los caminos llevan a Roma, ¿cómo se saldrá de Roma? → **33**

DEBERÍA

ESTE

Y HABL

TU C

S DEJAR
LIBRO
AR CON
HICA.

Hoy comienzan vuestras clases de preparación al parto: habéis entrado en una habitación llena de espejos y colchonetas y habéis conocido a muchas parejas como vosotros. Durante un momento te has emocionado al pensar que tu novia te ha llevado a participar en una orgía.

Hasta que ha entrado una mujer que se hace llamar "matrona" y ha empezado a hablar de cosas que han dejado tu libido por debajo del coeficiente medio de *Gandía Shore*.

Al final de la clase, enciende el televisor y presiona el *play* del mando a distancia. Se confirman tus temores: estás a punto de ver el video de un parto...

① No me preocupa, ya lo he visto en las películas. → **26**
② Si entorno mucho los ojos parece que esté muy atento al video, pero en realidad no llego a ver lo que pasa. → **51**
③ Eso es imposible, fijo que es *Photoshop*. → **136**
④ ¡Qué bonito! → **45**

El tiempo durante el embarazo pasa volando y los días son mucho más llevaderos ahora que el estómago de la futura mamá empieza a asentarse. Tu momento favorito del día llega por las noches, justo antes de dormir.

El ritual es cada día el mismo: os tumbáis en la cama, apoyas tu cabeza sobre la tripa de la mamá y le sueltas memeces a la criatura con la esperanza de que te escuche.

Pero hoy ha ocurrido algo insólito: de repente, mientras desplegabas todo tu repertorio de frases estúpidas, incluida tu imitación de Darth Vader y su «yo soy tu padre», te han interrumpido y habéis revivido la famosa escena de *Alien* cuando, en el estómago del oficial Kane, aparecen unas extrañas protuberancias moviéndose de un lado a otro.

¿Qué está ocurriendo?

① Aún no ha nacido y ya me está vacilando. → **90**
② No debimos cenar pizza con piña. → **26**
③ Está reaccionando a mis estímulos con patadas. → **48**
④ No lo sé, pero como vuelva a arrearme se la pienso devolver. → **68**

EN S
¿QUÉ
CON

ERIO,
PASA
IGO?

Qué guapa está la mamá, ¿verdad? Siempre has estado muy enamorado, pero es que la amiga ahora tiene el guapo más subido que nunca: tiene esa especie de brillo indescriptible en la mirada mezcla de madurez, felicidad, plenitud, sabiduría y juventud a la vez. Es un bombón, siempre que no la veas de perfil, claro... → 49

Y sí, llamemos a las cosas por su nombre: ¡menudas tetas se le han puesto! ¿Sabes por qué?

① Su cuerpo se está preparando para la lactancia. → **52**
② Me está buscando, está claro que quiere "guerra". → **110**
③ Se ha puesto tetas y no me ha dicho nada. → **26**

Podrías llegar a ser un padre nivel Jedi, pero antes de llegar al capítulo del parto deberás superar la última gran prueba durante el embarazo.

Ponerle nombre a tu hijo/a es muy emocionante. Las ecografías ya os indicaron hace meses que el pichón crece con normalidad y que todo está en orden. Desde entonces, estáis librando la batalla de los nombres. Ambos habéis hecho un listado y tenéis vuestros favoritos. ¿Cuáles son los tuyos?

① Si es niño, se llamará Ataúlfo, como su abuelo. Si es niña, Britneyspears. → **46**
② Se llamará R2D2. → **14**
③ He hecho una lista enorme, pero sé que no sirve de nada, ya que va a ser la madre la que elija el nombre. → **55**

No está mal. Pero debo recomendarte que, de cara al parto, busques a alguien que te sustituya para acompañar a tu chica.

Más que nada porque durante el parto vas a ver cosas que... en fin. ¿En quién has pensado?

① Un *homeless* muy majo con quien me cruzo cada día. → **46**
② Me da igual, esta experiencia ha sido horrible. Estoy decidido a darme a la fuga. → **23**
③ Haré de tripas corazón: esto no me lo voy a perder por nada del mundo. → **45**

Muy bien, ahora viene una prueba muy importante. Ni pañales, ni biberones, ni baños: no hay nada más difícil para un padre que pensar en semanas. Olvida todo lo que has aprendido acerca del tiempo: la unidad de medida del embarazo son semanas.

Si eso te parece complicado, espera a que nazca la criatura y tengas que pensar en meses...

Recuerda, ¿cuánto dura un embarazo?

① Depende de si es año bisiesto o no. → **136**
② Depende de si es niño, niña, animal o cosa. → **136**
③ Unas cuarenta semanas. → **50**

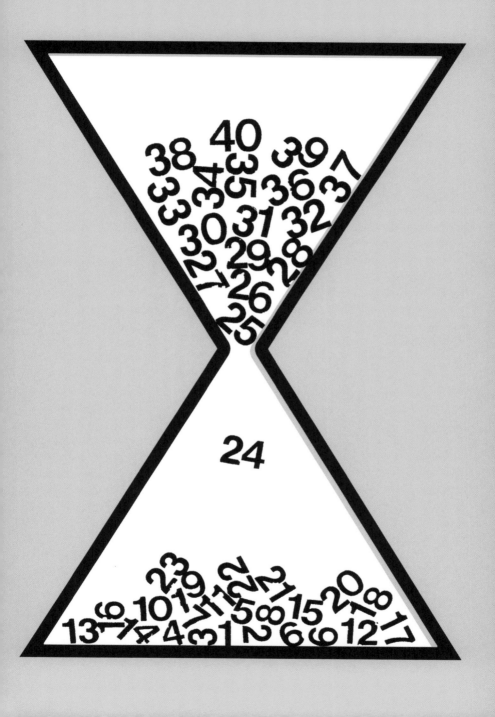

Ya vas entendiendo cómo funciona esto.

Puedes pasar al siguiente capítulo.

Si vienes del capítulo 1 (el embarazo). → **57**
Si vienes del capítulo 2 (el parto). → **81**
Si vienes del capítulo 3 (el primer año). → **144**

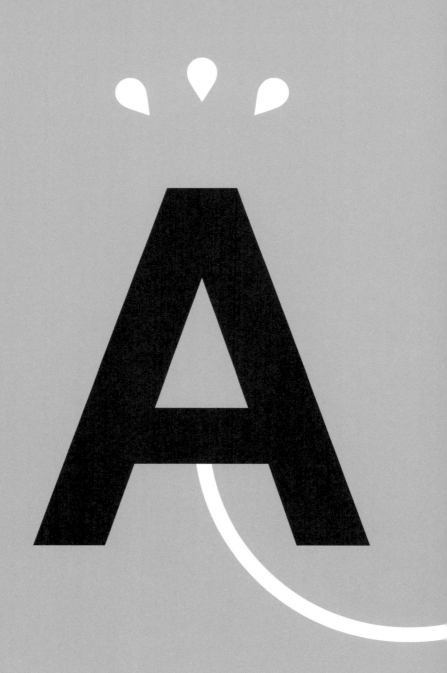

Capítulo segundo
El parto

→ 59

EXIT

¡Qué rápido pasa el tiempo! Tras nueve meses de preparativos, ecografías, consultas, noches de insomnio, apoyo físico y emocional a la embarazada, festival hormonal y falsas alarmas por fin ha llegado el gran día.

Tu chica te ha despertado en plena noche, interrumpiendo tu sueño favorito (sí, eso es, esta mujer no tiene corazón), para decirte que el pájaro quiere salir del nido y que esta vez va en serio.

① Que se apañe sola, yo estoy cansado y tengo que madrugar. → **46**

② Lo tengo todo bajo control: he leído mucho sobre el tema y sé cómo sacarlo yo mismo. → **136**

③ ¡Al hospital! → **60**

④ Es un momento perfecto para pasar un rato en Facebook. → **68**

Mantén la calma: a pesar de que habéis ido de urgencias al hospital, posiblemente van a pasar muchas horas antes de que tu vástago salga al exterior.

Ahora tu chica necesita tu apoyo absoluto. Las contracciones son cada vez más intensas, prolongadas y contínuas. Tras unas interminables horas ingresada, ha llegado el celador para pasarla a una camilla y llevaros a la sala de partos.

De camino, le dices unas palabras cariñosas:

① «Es usted muy amable, señor celador.» → **46**
② «Lo estás haciendo muy bien.» → **65**
③ Cualquier otra frase ingeniosa que se te ocurra en ese momento. → **26**

ESC
EXI

NO
STE

fragile

«Lo estás haciendo muy bien.» Grábate esta frase a fuego y no improvises nada más.

Por fin ha llegado el momento del parto, ¡qué emoción! La recta final es muy intensa.

La madre empuja cuando la matrona se lo indica. Tú coges su mano (la de la madre, no la de la matrona, memoriza esto por favor) y disimulas como puedes el dolor y la sorpresa al descubrir que tu chica tiene una fuerza sobrehumana, porque desde luego, lo que le está haciendo a tu mano no es de este mundo.

Recuerda, ¿qué frase vas a repetirle hasta el final?

① «Se acerca el invierno.» → **68**
② «Lo estás haciendo muy bien.» → **66**
③ «Lo estás haciendo bien.» → **136**
④ «Si tú y yo somos tan blancos, ¿por qué estás pariendo un bebé negro?» → **40**

¡Ya ha llegado!
Todo ha ido genial,
enhorabuena.

Por la potencia de sus pulmones, este bebé ya apunta maneras como cantante de ópera. La madre está agotada y tú acabas de vivir la experiencia más increíble de tu vida. Todavía no te has recuperado del *shock* y la matrona te ofrece unas tijeras para que hagas un *wifi*, es decir, para que cortes el cordón umbilical. ¡A ti, que te viene justo cortar las porciones de pizza que vienen ya marcadas!

Venga, debes reaccionar. ¿Qué vas a hacer?

① Propongo dejarle el cordón hasta que sea mayor de edad y decida quitárselo por sí mismo. → **14**
② Respiro hondo, sujeto las tijeras con firmeza y hago un corte limpio. En el cordón, claro. → **67**
③ No puedo hacerlo, soy muy aprensivo. → **70**

Bueno, pues ya eres padre, campeón.

Aún no sabes lo que significa, y sin embargo has entendido al instante que tu vida acaba de cambiar para siempre. Ahora, mientras cosen a la madre y le hacen por allí abajo cosas que ninguno de los dos necesitáis ver, podéis aprovechar para deleitaros mirando y acariciando a vuestro retoño.

¿Qué está pasando por tu cabeza en este momento tan tierno?

① Es mi bebé y lo quiero, pero, ¡joder qué feo es! → **72**
② ¿Cómo he podido ayudar a crear algo tan bonito? → **74**
③ Mañana mismo me lo llevo al fútbol. → **136**
④ Todavía no me han ofrecido una cama como la de ella, ¿a qué esperan? → **46**

ALGO HA

EN ALGÚN

Deberías volver

IDO MAL
MOMENTO

al inicio del libro.

Tranquilo, ya te irás quitando los escrúpulos. Lo cierto es que casi todo lo que tiene que ver con el "milagro de la vida" tiene poco de milagroso y mucho de cochino.

Tu siguiente momento escatológico llega unas horas después, cuando el bebé necesita su primer cambio de pañal. Aquí el reto va a ser doble, ya que posiblemente vas a hacer frente a tu primera experiencia cambiadora y además vas a tener que limpiar del culo de la criatura una sustancia salida del inframundo. Lo que tienes delante de ti se llama meconio, y es la primera caca del recién nacido.

No mires a la madre: ella ronca a pierna suelta, que se lo ha ganado. Como todo padre novato, has llamado a la enfermera para que te traiga un folleto con las instrucciones de uso del pañal. Al descubrir atónito que no existe dicho folleto, te dispones a realizar el cambio tú mismo.

① A ver, esto no puede ser tan difícil, ¿dónde van las pilas? → **14**
② Paso. Si le molesta, que se lo quite él mismo. → **136**
③ ¡Allá voy! Siempre hay una primera vez, seguro que con la práctica terminaré haciéndolo con una mano. → **73**
④ Para no parecer un novato, pido a la enfermera que me traiga un cambia-ñordos automático con suspensión hidráulica del 15. → **62**

No te sientas mal por pensarlo, la verdad es que los recién nacidos tienen cara de viejóvenes. Están por hornear todavía, y sin embargo están llenos de arrugas.

Es normal, teniendo en cuenta la odisea que acaban de vivir para salir al mundo. Si todo va bien, en cuestión de semanas se convertirá en una monada, aunque también puede pasar que se parezca a ti.

① ¿Tienes alguna relación de consanguinidad con los Borbones? → **34**

② En el resto de casos, puedes seguir con tu aventura. → **78**

¡Eso es, valiente! Por cierto,
ya que te esperan cientos de
cambios de pañal, aprovecha
para practicar el complejo
arte de sacar toallitas del
dispensador con una sola mano.

Dicen que una vez existió un padre que lo logró,
aunque no hay pruebas que lo confirmen. Así que, te
recomiendo que practiques unas series de *toalliting*
antes de continuar con tu aventura. → **78**

Sí, tu mayor pesadilla se ha hecho realidad: de la noche a la mañana te has convertido en un moñas. Tú, el reputado y admirado *hater*, ahora vas a ser como *Winnie the Pooh* paseando por el valle de las piruletas de la mano de un oso amoroso en pleno subidón de algodón de azúcar.

Que no cunda el pánico: en cuanto lleves un par de meses sin dormir tu mala leche resurgirá con más fuerza, cual ave Fénix.

De hecho, vuestra primera noche como familia en el hospital ya te ha dejado claro eso que te habían advertido: no vas a volver a dormir del tirón en mucho, mucho, mucho tiempo.

¿Cómo afrontas este hecho?

① Eso es porque el bebé no estaba cómodo durmiendo en un hospital, en casa dormirá como un angelito. → **124**

② Hay que ver el lado positivo: no volveré a necesitar despertador. → **78**

③ Cuando estemos en casa trabajaremos en una rutina para ir a dormir. He leído mucho sobre el tema. → **79**

④ Voy a ser un padre severo. Cuando digo que es la hora de dormir, es la hora de dormir y punto. → **34**

MAD

DE UNA VEZ

URA

A la mañana siguiente, todavía en el hospital, comienzan las visitas familiares. Prepárate para ser el centro de atención.

Todo el mundo quiere verte, darte la enhorabuena y saber cómo estás. No, en serio, la gente quiere ver a tu hijo y a la madre. Aprovechas uno de esos momentos para:

① Escaparte al bar y pedir unos huevos (es sabido que cuando seas padre comerás huevos) y una longaniza, así puedes hacer una foto de dos huevos y una longaniza y enviarla por Whatsapp a todos tus contactos. → **76**

② Estirar las piernas y fumarte tu último cigarrito. → **55**

Habéis planeado hasta el más mínimo detalle de vuestra vuelta a casa, incluidas las "fiestas nocturnas".

Lleváis nueve meses leyendo y buscando información sobre el sueño del bebé. Os habéis documentado a fondo sobre rutinas de cómo dormir a mocosos y habéis llegado a estas conclusiones:

① Hemos pensado practicar colecho. → **34**
② Hemos pensado acostumbrarlo a dormir en su cuna desde el principio. → **34**
③ Hemos pensado muchas cosas, pero sospechamos que el bebé hará con nosotros lo que le salga de los mismísimos. → **55**

Capítulo
tercero
El primer año

→ 83

En el hospital no tienen corazón: sin previo aviso, os han dado el alta y os han echado de la "habitación del botón mágico".

Sabes a cuál me refiero, ¿verdad? Ese botón que apretabais cada vez que el bebé tosía, lloraba, se despertaba en mitad de la noche, no quería engancharse a la teta o necesitaba un simple cambio de pañal, y gracias al cual aparecía milagrosamente una adorable enfermera que solucionaba vuestros problemas de padres novatos.

Ya no hay botón ni enfermera. Ahora estáis en casa y tenéis que buscaros la vida solitos, con una criatura totalmente dependiente de vosotros cuya comunicación se basa en gritos de hiena.

Desde hoy, los días van a pasar tan rápidos como este capítulo, y antes de que os deis cuenta vuestro retoño cumplirá un año. ¡Un año!

Pero empecemos por el principio. → **84**

Primer día en casa. El nuevo miembro de la familia se ha quedado frito enganchado a la teta (la de la madre, no la tuya). Los dos estáis embobados mirándolo. Es tan bonito, con sus deditos minúsculos, su piel tan suave, sus mofletes, su nariz chata...

Literalmente, nunca ha roto un plato. Pero de repente, empieza a chillar como si lo estuvieran torturando. No entiendes qué está pasando, hace un segundo estaba en la gloria.

¿Cómo reaccionas?

① Voy corriendo al hospital en busca de la enfermera, le haré una oferta en firme para que viva en nuestra casa. → **26**
② No puede ser, me está vacilando. → **86**
③ Me entra el pánico. → **89**
④ No pasa nada, debe de haber soñado con Carmen de Mairena. → **46**

Malas noticias: cuando se trata de dolores estomacales no hay una fórmula mágica. Es un proceso que el bebé debe pasar, y vosotros con él.

Pueden suponer una verdadera tortura para el bebé y una preocupación casi constante para los padres durante los primeros meses. Sin embargo hay algunas cosas que podéis hacer para aliviar su dolor.

¿Cuáles crees que pueden ser?

① Colocarlo boca abajo sobre mi brazo para que la presión del mismo sobre su estómago lo alivie. → **92**

② Darle un susto, como cuando se tiene hipo. → **136**

③ Darle unas palmadas suaves en la espalda para ayudarlo a eructar. → **92**

④ Ponerle un episodio de *House* para que vea que lo suyo no es para tanto. → **46**

No, no te está vacilando. Todavía.

Durante las primeras semanas, e incluso meses, verás que tu vástago es una especie de marmota con narcolepsia picada por la mosca tse-tse. Pasa muchas horas dormido.

«¡Estupendo!» —estarás pensando tú. No, en realidad no es tan guay como pueda parecer, ya que, posiblemente, lo que haga será echarse muchas cabezaditas cortas. Es decir, que dormirá muchas veces pero durante breves períodos de tiempo, intercalando la vigilia con el sueño en intervalos sin pies ni cabeza. Y sí, amigo, esto incluye las noches.

Para rematarlo, cada vez que se despierte no te va a dedicar una gran sonrisa ni te va a llamar con dulzura, sino que gritará como si le fuera la vida en ello. ¿El motivo? Pueden ser varios, pero en un porcentaje muy elevado, el origen suele estar en el estómago. Y es que ahora sois una familia compuesta por la mamá, el papá, el bebé, los gases y los cólicos. Hasta ese punto están presentes los problemas estomacales al principio. Ten en cuenta que sus órganos están por madurar.

¿Qué puedes hacer para aliviar su dolor?

① Lo que necesita es un Almax de toda la vida. → **136**
② Un bibe de Coca-Cola para expulsar los gases. → **68**
③ Estoy más perdido que Belén Esteban en una biblioteca. → **85**

Respira hondo. Ser padre puede poner tu sistema nervioso más *on fire* que nada en este mundo. Debes acostumbrarte a lidiar con situaciones aparentemente críticas, pero que en realidad tienen una solución sencilla en la mayoría de los casos. La clave, generalmente, es la empatía.

Ponte en el lugar de un mocoso que está por terminar de hornear, que hasta hace poco vivía a oscuras, flotando en un espacio muy reducido y escuchando los órganos de su madre y que tardará en adquirir la capacidad de comunicarse en nuestro idioma. No parece sencillo, ¿verdad?

En el caso del llanto, como los motivos pueden ser varios, te recomiendo que establezcas un protocolo para ir descartando cosas hasta averiguar qué tiene, o hasta que la causa del llanto desaparezca como por arte de magia. Un posible orden puede ser: necesidad repentina de brazo / hambre / pañal sucio / problemas de estómago / frío o calor. De modo que puedes automatizar este protocolo cuando tu bebé llore, descartando un posible motivo tras otro hasta dar con la solución.

Échale imaginación. ¿Qué otros motivos pueden provocar el llanto de tu bebé?

① Quiere volver a entrar por donde salió. → **90**
② Le están saliendo los dientes. → **92**
③ A esta criatura le gusta tocarme las narices. → **76**
④ Quiere recordarme quién manda aquí. → **102**

Es poco p[r]
aunque n[o]

Al fin y al cabo, nadie sabe
lo que pasa por la cabeza
de esas personitas, ni siquiera
aquellos que se hacen llamar
"expertos en bebés".

bable,
mposible.

En cualquier caso, te
recomiendo que vuelvas atrás
y cambies tu respuesta.

Ya le vas pillando el truco. Ahora te enfrentas a otro gran reto: el baño. Por lo visto los bebés no saben asearse ellos solitos, así que cada día tendrás que meter a la criatura dentro de una bañera y recordar que no tiene branquias que le permitan respirar bajo el agua.

Como te has documentado mucho durante el embarazo devorando libros sobre crianza, tienes muy claro cómo quieres que sea la rutina del baño y has preparado el cambiador con todo a mano: el pañal, la crema hidratante, el pijama y un muñequito para entretenerlo mientras lo secas y lo vistes. Has preparado la lista de reproducción que has creado expresamente para este momento con música relajante. Has llenado la bañera hasta una altura exacta de seis cm (ni cinco ni siete) y has encendido la estufa un rato antes para que la habitación esté a la temperatura idónea. Todo está perfecto, y además sabes que, después del baño relajante, vendrá un masaje con crema hidratante que hará las delicias de tu hijo. No hay duda, esta vez va a quererte más que a nada en el mundo.

¿Crees que se cumplirán tus expectativas?

① Sí. → **110**
② No. → **94**
③ Yo no creo en el aseo, es un artificio creado por esta sociedad consumista y superficial que anula la esencia del individuo. → **116**

En cuanto lo has desnudado y lo has metido en la bañera has entendido la trágica verdad: tu bebé resbala más que una anguila untada en mantequilla.

Además, durante los preparativos has ignorado el hecho de que tú no has tenido un bebé, has tenido una criatura salvaje e hiperactiva. Ahora ya no hay vuelta atrás, debes terminar lo que has empezado. → 95

Con una mano le sujetas el cuello y el hombro, con la boca abres el jabón sin dejar de hablarle y de cantarle, con la otra mano lo enjabonas y lo enjuagas mientras intentas acceder al reproductor de música, porque con los nervios resulta que te has hecho un lío y has puesto la lista *Satán es mi señor*. Con un pie alcanzas la toalla, haces un triple salto mortal y, sin que se te caiga el pichón, llegas al cambiador para ponerle el pañal antes de que te suelte la madre de las meadas. Te aseguras de secarle bien los cuatro pelos de la cabeza y los huecos entre los michelines, mientras no para de moverse ni un segundo.

Ok, tu bebé ha salido ileso del primer baño pero los dos estáis bastante estresados. Lo mejor será pasar cuanto antes al masaje relajante. Espera, ¿he dicho masaje relajante? Quería decir la tortura final...

Al final, ha tenido que venir la madre para enseñarle una teta y calmarlo. Tú pareces el superviviente de una catástrofe natural, despeinado, mojado, pálido. Tienes taquicardias, un sudor frío recorre tu espalda y tus ojos están perdidos en el infinito.

Ya ha pasado... Ah, no, espera, ¿sabes qué es lo mejor? Necesitará que lo bañen cada día.

① Solo serán unos meses. Es inteligente y aprenderá a bañarse él solito. → **124**

② *WTF!* A mí me habían dicho que el baño es un momento guay. → **96**

③ Al final le pillaremos el punto, ambos, y el baño se convertirá en un momento feliz. → **98**

④ Ni de coña, un baño semanal y gracias. → **14**

Don't panic. Aunque, por lo general, para los bebés el "momento baño" es relajante y agradable, puede que a algunos no les guste al principio. Además, con el tiempo serás cada vez más hábil, hasta convertirte en un profesional de la esponja, el jabón y el patito de goma. → 97

Siguiente prueba: las visitas al pediatra. Para unos padres novatos, estas visitas son especialmente reveladoras. Todas vuestras dudas, miedos e incertidumbres quedarán resueltos gracias a la sabiduría de estos seres sobrenaturales.

Provienen de un antiguo linaje de magos y están dotados de súper poderes que les permiten calmar a vuestra criatura y aliviar vuestra tensión.
Sin embargo, de vez en cuando ocurre que algunos simples mortales sin educación, amor por su trabajo o capacidad de empatía logran acceder misteriosamente a puestos de especialistas en pediatría.

¿Qué harás si os asignan uno de ellos?

① Dejarlo correr, tampoco es para tanto. → **26**
② Voy a solicitar ahora mismo un cambio de pediatra. Necesitamos sentirnos cómodos y seguros con la persona que nos toque. → **98**
③ Lanzo los dados. Con doce puntos podré neutralizar su magia negra mediante un hechizo de espada flamígera. → **76**

¡Bravo! Te estás convirtiendo en un firme candidato a Padre del Año. Con el paso de las semanas, descubres asombrado que cada vez tienes la situación un poco más dominada.

Hoy, mientras le cambiabas el pañal a tu pichón, ha ocurrido algo asombroso: ¡jurarías que ha sonreído cuando ha oído tu voz! ¿Es posible? Definitivamente, esto tienes que grabarlo con el móvil. Así que lo sacas de tu bolsillo, enfocas a la criatura, vuelves a hablarle...

① *Et voilà*, ¡lo ha vuelto a hacer! → **100**
② Y nada de nada. → **101**
③ Y le haces una foto para manipularla después con *Photoshop* y ponerle el cuerpo de Arnold Schwarzenegger. → **46**

Enhorabuena, es algo inaudito. No el hecho de que haya sonreído (eso es normal) sino que lo haya repetido mientras lo grababas.

Últimamente estás notando cómo evoluciona tu bebé a pasos de gigante. En concreto, sus avances respecto a la motricidad son asombrosos. Ahora le ha dado por levantar la cabeza estando boca abajo y apoyarse en sus antebrazos. Ese es un buen momento para estimularlo, por ejemplo moviendo algún objeto que haga ruido cerca de uno de sus oídos y luego cambiándolo al oído opuesto. Así comprobarás fácilmente si puede tener algún problema de audición en caso de que no reaccione a los sonidos en alguno de los lados.

¿Se te ocurren más maneras de estimularlo aprovechando esta posición?

① Usar su espalda de mesita para apoyar mi cubata. → **14**
② Dejarlo solo un rato e irme a dar una vuelta. → **46**
③ Balancear ligeramente algún juguete por delante de sus ojos, obligándolo a levantar un poco la vista para seguirlo, lo cual también ayudará a fortalecer su cuello. → **104**
④ Enseñarle cómo funciona el horno. → **68**

No es personal. Los bebés tienen una habilidad especial para entender que, cuando los estás grabando, es el momento ideal para dejar de repetir sus logros.

Hoy has presenciado otra conquista de tu troglodita: ha cogido un objeto con una mano. Por si fuera poco, después se lo ha pasado a la otra mano. Tu cachorro está aprendiendo a controlar su reflejo de prensión, es decir, la capacidad que tenemos los humanos para agarrar objetos.

Y esto es solo el principio, una vez que descubren que han adquirido esta nueva habilidad, ya no pueden dejar de poner a prueba su capacidad para agarrar cosas y cambiarlas de sitio.

Para seguir estimulando su reflejo de prensión, también puedes:

① Darle a coger un cactus. → **136**
② Acercarle objetos de diferentes colores y texturas, para que experimente con el tacto. → **104**
③ Enseñarle a manejar la motosierra. → **116**

AÚN

PERO TODO

NO,

LLEGARÁ...

Eso es. Este tipo de estímulos en tu bebé ayudan a desarrollar aspectos tan importantes como su percepción y su motricidad.

Y hablando de aspectos, ¿te has mirado en el espejo últimamente? Lamentable, ¿verdad? Con lo que tú has sido...

Es inevitable. La paternidad puede conllevar un desgaste físico considerable que se acentúa si el bebé es muy inquieto, es propenso a enfermar y/o el sueño no está hecho para él. Lo que antes era algo similar a unas ojeras ahora parece la fase inicial de tu metamorfosis a oso panda. El principio de barriga se ha convertido en un flotador en toda regla. Canas, aspecto descuidado, cara de cansancio, necesidad urgente de visita a la peluquería. Parece que la última vez que te compraste ropa Naranjito lo estaba partiendo. Hoy, mientras paseabas a tu "Mini Yo", te has visto reflejado en un escaparate y por fin lo has entendido: eres un *"Walking Dad"*.

¿Qué harás al respecto?

① Quitar los espejos de casa. → **106**
② No darle demasiada importancia, solo es una fase y pasará. → **107**
③ Esperaré pacientemente hasta que sea un poco mayor y pueda vengarme, porque está claro que el objetivo de este bebé es destrozarme la vida. → **90**
④ Probaré la dieta del cucurucho: comer poco y chingar mucho. → **124**

THE
WALKING
DAD

No está mal, aunque es un poco drástico, ¿no crees?

No es necesario llegar a ese punto. Además, recuerda que los espejos pueden serte útiles cuando necesites colocarte el peluquín.

En cualquier caso, puedes pasar al siguiente nivel:

① Si vais a optar por una guardería. → **108**
② Si sois partidarios de la corriente naturista que dice que el bebé debe estar pegado a su madre día y noche durante sus primeros años. → **34**
③ Si tu idea es dejar al bebé en la selva para que lo críen los lobos, como a *Mowgli*. → **14**

Exacto, no seas muy duro contigo mismo. El tiempo pondrá las cosas en su sitio y, aunque evidentemente nunca recuperarás el aspecto que tenías a los veinte años, te sentirás en forma de nuevo si logras sacar algo de tiempo para hacer ejercicio y cuidas un poco tu alimentación.

Además, durante los primeros meses es importante que te lo montes como sea para dormir al mismo tiempo que el bebé.

¿Qué más puedes hacer para cuidarte?

① Quizás sea un buen día para dejar mi adicción al pegamento. → **68**
② Puedo dejar que la familia me ayude y se quede con él en algún momento para dedicarme algo de tiempo a mí mismo y a mi pareja. → **112**
③ Mi ducha mensual podría pasar a ser semanal. → **46**

Os enfrentáis a una nueva prueba: la elección de la guardería.

Es emocionante pensar en todos los nuevos amigos que va a tener vuestra criatura y en lo que va a aprender y a disfrutar. Sí, lo sé, tú lo único que no te quitas de la cabeza es que por fin se va a despegar de vosotros. No te sientas culpable, es normal. → **109**

Tras meses de búsqueda de centros *cool* por internet, lecturas de artículos sobre corrientes educativas con nombres estúpidos en inglés y el siempre infalible boca a boca de otros papás, por fin tenéis una ganadora. Ahora sólo debéis reunir la modesta cantidad que os solicitan para la matrícula, la cual os impedirá vivir sin alguno de vuestros riñones, así como toda la documentación y requisitos necesarios, incluyendo unas gotas de sangre de unicornio. Para conseguir el dinero has decidido:

① Gastar todos nuestros ahorros en el casino. → **116**
② Vender mi colección de figuras de *Star Trek*. → **118**
③ Prostituirme. → **26**
④ Pedir ayuda a la familia. → **112**

Eres opt
eso está

Anda, vuelve atrás y cambia
tu respuesta, alma de cántaro...

mista,
bien.

Es una buena idea. Toda ayuda de la familia, tanto en lo económico como pasando tiempo con tu bebé siempre que sea posible, será un bálsamo curativo y os ayudará a reponer fuerzas. Si vosotros estáis mejor, él también lo estará.

Por cierto, esta noche vais a disfrutar del apoyo familiar. Por fin ha llegado el momento que tu chica y tú no veíais llegar: los abuelos van a quedarse al pichón toda la noche, ya que empieza a dormir mejor. Esto significa que por fin tendréis tiempo para vosotros dos, lo cual os va a venir de maravilla, ya que en los últimos meses todas vuestras conversaciones giran en torno a pañales sucios y biberones, por no mencionar que tenéis la actividad sexual de dos berenjenas.

Has planeado la noche con todo detalle: primero, una cena romántica en vuestro restaurante favorito, ese al que no vais desde que llegó el bombo; después, aunque ella no lo sabe, le espera una cama llena de pétalos de rosa en vuestro dormitorio, y rematarás el ambiente con unas velas y musicón suave. Lo tienes todo calculado.

¿Cómo crees que continuará la noche?

① Con sexo desenfrenado, cuero y manos atadas a lo *Instinto Básico.* → **110**
② Nos tumbaremos y nos quedaremos dormidos aproximadamente tres segundos después. → **114**
③ Le regalo un disfraz de Chewbacca, mi fantasía sexual. Le va a encantar. → **46**

Sí, eso es justo lo que pasará. Pero no desesperes, en algún momento recuperaréis vuestra libido. O eso dicen... → 115

Y hablando de decir, tu Gremlin ya empieza a balbucear algo parecido a unas palabras. Jurarías que hoy ha dicho algo así como «mamá». Tu reacción inmediata, por supuesto, es conseguir que diga «papá».

¿Cómo lo lograrás?

① Empezaremos por algo básico, por ejemplo una letra de Bisbal. → **119**
② Le repetiré la palabra «papá» hasta que me sangren los labios. → **126**
③ No va a decirlo nunca por llevarme la contraria. → **90**
④ Le diré: «Hazme caso o te quedarás sin tele.» → **102**

Tienes menos futuro como padre que los Stark cuidando lobos.

Ya era hora.

No pretendo juzgarte, pero con un bebé en casa es más que suficiente de momento. Él ya va a acumular muñecos por encima de vuestras posibilidades.

① Si quieres pasar al siguiente nivel. → **122**
② Si todavía no tienes claro que quieras deshacerte de esas figuras. → **76**

No está mal.

Podría funcionar. Después de todo, lo peor que puede pasar es que tengas que escuchar a Bisbal en bucle... Espera, ¿estás seguro?

① No me gusta Bisbal, pero estoy dispuesto a hacer lo que sea por mi descendencia.→ **126**
② Me gusta Bisbal. → **128**

Sigue así, cada vez estás más cerca de lograr tu diploma al Padre del Año.

Ahora estás jugando con tu cavernícola, dándole besos, haciéndole cosquillas y pedorretas.
¡Eh, espera! ¿Qué ha sido eso? Acabas de oír por primera vez ese sonido que hace que todo haya valido la pena, el que hace que olvides las noches sin dormir, los malos ratos, el mal humor y la ansiedad que has vivido durante meses. Por fin ha aparecido la carcajada. Te lo aseguro: nunca en tu vida has oído u oirás nada parecido.

Vuelves a tocar esa tecla y sí, ¡otra vez se encana de la risa! Ahora ya no hay quien lo pare.

Unas sustancias invisibles llamadas endorfinas han invadido el ambiente. ¿Sabes en qué consisten?

① Unas hormonas que libera el bebé cuando está feliz y que ayudan a mejorar su sistema inmunológico. → **123**
② No lo sé, pero por si acaso voy a vaciar un bote de insecticida. → **46**
③ Son como los midiclorianos de *Star Wars*. → **76**

Es increíble lo rápido que aprende ese bicho.

El gateo ha llegado casi sin darte cuenta. Hace muy poco, tu bebé apenas conseguía tenerse boca abajo apoyado sobre sus antebrazos, y ahora no deja de recorrer la casa a cuatro patas cual gacela.

Aunque tienes tiempo y puedes tomártelo con relativa calma, ha llegado el momento de que empieces a pensar en convertir tu casa en un lugar *baby-friendly*. Vamos, que vayas tomando medidas de seguridad para cuando llegue el "festival bípedo", ya que, cuando tu bebé empiece a dar sus primeros pasos, las caídas y golpes van a estar a la orden del día. Así que lo mejor es que te anticipes a eso para que luego no te pille el toro.

¿Qué medidas de seguridad deberás tomar?

① Le enseñaré dónde están los enchufes
   por si alguna vez necesita utilizar el taladro. → **68**
② Depende. ¿"Bípedo" significa lo que yo creo? → **46**
③ No sé por dónde empezar, me estoy agobiando
   sólo de pensarlo. → **131**
④ Mi cachorro es muy prudente, podemos omitir
   las medidas de seguridad. → **124**

Estás hecho un padrazo. A estas alturas, seguro que tu retoño ya domina el complejo arte de mantenerse en pie.

Es una gran conquista, y además es la antesala de lo que vendrá después: sus primeros pasos (*A.K.A.* la perdición de tus riñones). Ahora es solo cuestión de tiempo que comience a andar, aunque cada bebé tiene su propio ritmo.

Cuando llegue el momento, para ayudarlo a mantener el equilibrio y fortalecer sus piernas, puedes:

① Ponerle unos patines. → **46**
② Sujetarle las manos mientras da sus primeros pasos y acompañarlo cuando decida soltarse. → **132**
③ Dejarlo a su ritmo, ya andará cuando necesite cambiar el canal de la tele y no encuentre el mando. → **90**
④ Apuntarlo al gimnasio, como hace todo el mundo. → **26**

NO TE LO CR NI TÚ

EES

Veamos tu habilidad preparando biberones. Cada cacito de leche de fórmula necesita treinta ml de agua.

Si no sabes de lo que hablo, el agua es ese extraño líquido, sin color ni sabor, que incomprensiblemente toman algunas personas.

¿Cuántos ml de agua necesitarás para cuatro cacitos de leche? El resultado te indicará la página a la que debes ir para continuar con tu aventura. → **127**

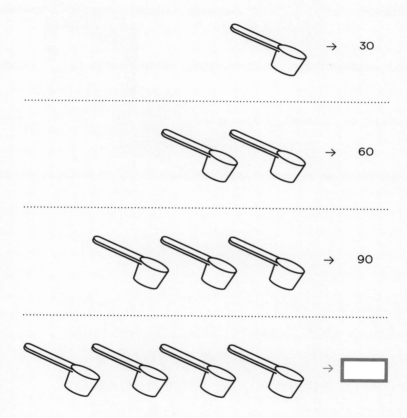

→ 30

→ 60

→ 90

→

Nadie es perfecto. Aún así, por el bien del desarrollo intelectual de tu cachorro y de su futuro criterio musical, te recomiendo firmemente que lo mantengas lo más alejado posible de tus gustos musicales. → 129

Y ya que hablamos de música, le encanta escucharla, ¿verdad? Si tu bebé, además, es de los bailongos, eso es ya la pera. ¡Menudo momentazo cuando cantas su canción favorita y él te sigue con la coreografía que le has enseñado!

¿Qué beneficios crees que tienen la música y el baile para él?

① Ninguno, pero yo me parto de verlo. → **26**
② Favorecen su motricidad, su sentido del ritmo
   y su capacidad de memorizar y repetir movimientos. → **123**
③ Le ayudarán a ligar. → **102**

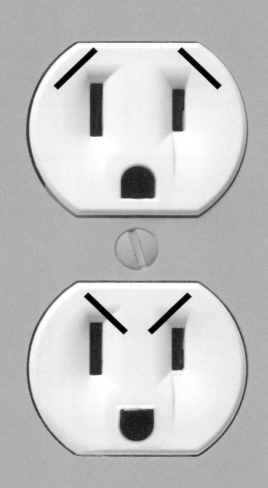

Es normal, si lo piensas friamente, tu casa ahora es como un terreno lleno de trampas para el bebé: cada esquina, cada enchufe, cada armario bajo, cada ventana accesible y cada estantería sin fijación a la pared serán un peligro potencial cuando tu cachorro comience a gatear y, más tarde, a andar.

Se juntan tres circunstancias: la primera es que tu troglodita ahora es un explorador en potencia, cada rincón nuevo es un mundo por descubrir; la segunda, que no tiene muy desarrollada la percepción del riesgo, y por lo tanto no es consciente de que esto o aquello puede ser peligroso para su integridad; y la tercera, obviamente, que no es tan hábil en el control de su motricidad como un adulto.

Existen diferentes medidas que puedes tomar: colocar topes en las puertas para evitar que se pille los dedos, forrar con un material acolchado esquinas recurrentes para él, comprar muebles con los cantos redondeados, poner obstáculos que le impidan acceder a los radiadores, instalar verjas de seguridad en las ventanas, etc. Pero hay una medida de seguridad que está por encima de todas ellas. ¿Se te ocurre cuál puede ser?

① Dejar al bebé todo el día dentro de su parque con barrotes. → **136**
② Forrarlo con algún material neumático, en plan muñeco de *Michelin*. → **14**
③ Comprarle una katana, para que vaya aprendiendo a defenderse. → **116**
④ Que esté siempre vigilado por un adulto. → **123**

A día de hoy, como en tantas otras cosas relacionadas con los bebés, los especialistas no se ponen de acuerdo en si es mejor ayudarlo en sus primeros pasos sujetándole las manos o no.

En cualquier caso, lo mejor que puedes hacer es seguir tu instinto. Asegúrate de que no hay peligros a su alrededor y haz que se sienta acompañado por ti para que esté más seguro.

Y no te agobies si tarda más de un año en caminar, cada bebé tiene sus propios tiempos y aprenderá, como todos.

① Si quieres pasar de nivel. → **132**
② Si sigues pensando que los patines son la mejor opción. → **116**

La odisea bípeda continúa. Hoy por fin ha ocurrido: tu pichón ha caminado él solito desde su madre hasta ti, con una gran sonrisa en su cara. Es uno de esos momentos inolvidables que debes grabar con el móvil.

Repetís la operación una y otra vez, caminando de uno a otro, y observas atónito cómo cada vez tiene la situación más controlada. Su sonrisa muestra la satisfacción que supone su nueva conquista.

Ante tanta emoción, en una de sus caminatas, se va de morros al suelo y rompe a llorar desconsolado.

¿Cuál es tu reacción?

① Llamo inmediatamente a emergencias. → **136**
② Lanzo un grito y voy corriendo a levantarlo. → **134**
③ Lo ayudo a levantarse, le sonrío y lo tranquilizo con un beso y un abrazo. → **139**
④ Dejo que llore, es bueno para él. A Enrique Iglesias le sigue funcionando. → **26**

Crecer conlleva caerse y volverse a levantar.

Sé que es fácil decirlo, pero ponerlo en práctica es otra cosa. Sin embargo, vas a tener que esforzarte bastante a este respecto y aplicarte una buena dosis de autocontrol.

Asúmelo cuanto antes: tu hijo va a piñarse muchas veces antes de controlar sus pasos, e incluso cuando los domine seguirá cayéndose de vez en cuando. Ante esto, lo peor que puedes hacer es transmitirle pánico o inseguridad tras cada caída. Recuerda que aprende de ti y que debes hacer lo posible por fortalecer su autoconfianza y su capacidad de enfrentarse a las adversidades.

A no ser que haya sangre de por medio, un golpe fuerte en la cabeza o cualquier otra cosa que pueda requerir del viaje de turno al hospital, lo mejor que puedes hacer es quitarle hierro. Ayúdale a levantarse con calma y con una sonrisa en tu cara, tranquilízalo y, si además logras hacerle reír, verás cómo en muy poco tiempo él mismo sonreirá y se pondrá de pie cuando vuelva a caerse.

Recuerda, ¿qué harás la próxima vez que se caiga?

① Llamaré inmediatamente a emergencias. → **46**
② Seguiré el protocolo "quita-hierro". → **139**
③ Lo ayudaré a levantarse y le pondré la zancadilla para que vuelva a caer de morros, así aprenderá más deprisa. → **116**

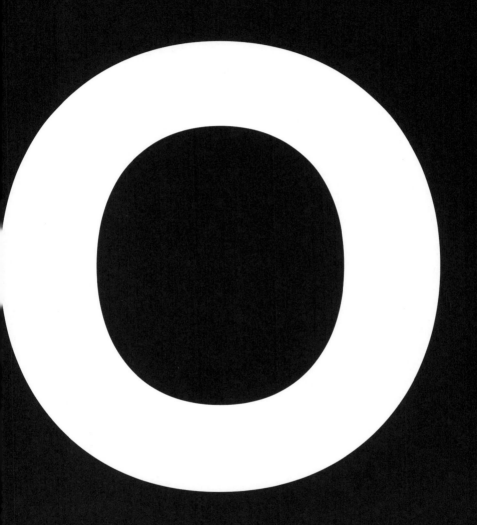

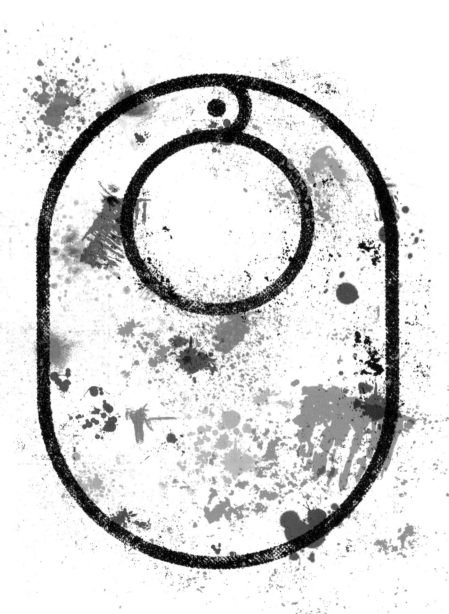

Bien dicho. Tu vástago se va a comer el suelo muchas más veces, así que lo mejor será que aprendas a llevar la situación cuanto antes. Y ya que hablamos de comida, en ocasiones dársela se convierte en una tortura, ¿verdad?

En el menú de hoy: puré de pollo con verduras de primero, aderezado con salsa de rabietas y caras de asco de guarnición; de segundo, nuevo récord de lanzamiento olímpico de plato y biberón; y de postre, una buena rodaja de "eso ni me lo acerques".

¿Cómo te lo vas a montar para que se lo coma?

① El avioncito es un clásico que nunca falla. → **140**
② Primero lo pruebo yo y le hago ver que está muy rico, esforzándome por disimular mi cara de asco. → **140**
③ Evito la respuesta número dos, porque si ve que me gusta querrá llevarme la contraria como siempre. → **140**
④ Le hago la cobra, que consiste en acercarle una cucharada de *Petit Suisse* y, cuando abra la boca, darle el cambiazo. → **140**

No te vuelvas loco. Por lo visto, los bebés se rigen por un complejo algoritmo a la hora de comer cuyo resultado cambia en función de múltiples variables, siendo las ganas de tocarte la moral aquella que tiene más peso.

Vamos, que no come porque sea la hora de comer o porque tú le acerques la comida a la boca, sino que, básicamente, come cuando le da la santa gana.

Habrá días que devore el plato y otros que lance la cuchara y haga un gotelé en la pared digno del más hábil presentador de *Bricomanía*. Eso sí, hay algo que nunca falla: cuando estéis con más gente comerá como un campeón, porque una cosa que a tu bebé se le da de maravilla es dejar tu credibilidad a la altura de Arévalo.

Así que hazlo lo mejor que puedas y pasa a la siguiente prueba. → **142**

¡Bravo! El primer año de vida de tu pichón concluye. Habéis alcanzado un gran hito y por fin has llegado a la última prueba antes de conseguir tu diploma.

Hoy, mientras doblabas y guardabas su ropa, te has dado cuenta de que, como la criatura no para de crecer, hay muchas prendas que ya no le vienen. A lo que inevitablemente ha seguido esta conversación:

Papá: «¿Qué hacemos? ¿Donamos la ropa a alguna ONG o algo así?»
Mamá: «No es mala idea, aunque también podemos guardarla para el siguiente.»

¿Cómo reaccionas?

① Puede que sea un buen momento para contarle que me he hecho la vasectomía. → **40**
② ¿Otro? Qué duro, ¿no? Se me hace muy cuesta arriba. Aunque, por otro lado... ¿Qué diablos? ¡Hemos venido a jugar: fabriquemos un/a hermanito/a! → **144**
③ No le hago caso. Sólo es un capricho temporal, se le pasará. → **110**
④ ¿Qué más da mi reacción? Al final pasará lo que la madre quiera. → **55**

¡Cómo pasa el tiempo! El primer cumple de tu "Mini Yo" está a la vuelta de la esquina. Por fin una fiesta, ¿verdad? Bueno, sí, pero tampoco te emociones, recuerda que es una fiesta infantil. Yo descartaría invitar a Charlie Sheen.

¡Un añazo! Va a ser una celebración muy especial. Estaréis rodeados de familiares, y seguramente la casa se llenará de niños ese día. Ruidos, gritos, mocosos corriendo por el pasillo, manchas por todas partes, música infantil a todo trapo, tu cuñado enseñándote las fotos de su viaje a Disneylandia, la abuela riñendo a los niños por jugar con su dentadura...

Vale, dicho así puede que no suene muy apetecible, pero de verdad que va a ser genial.

¿Has pensado en algún regalo?

① Todo el mundo va a comprarle juguetes, así que yo lo sorprenderé con un muñeco a tamaño real de Chiquito de la Calzada. → **46**
② Le daré 10 € y que se compre lo que quiera. → **102**
③ No importa el regalo en sí, a mi bebé lo que más le gusta es el papel de envolver regalos. → **141**

¡Enhorabuena, papá!

Aquí tienes tu diploma, te lo has ganado →

No importa lo que digan los de Servicios Sociales, tu camello o tu agente de la condicional, eres un buen padre y este diploma te ayudará a recordarlo cuando tengas dudas.

Ahora no debes bajar la guardia, tu aventura sólo acaba de empezar. Tu pequeño/a salvaje tiene toda una vida por delante y aún os quedan muchas pruebas que superar juntos.

Buena suerte.

PLAN B

certifica que

D. _____

ha obtenido el título de

PADRE DEL AÑO

y, para que conste, le otorga este diploma oficial.

Diego Mir

EL PADRE DEL AÑO

PLAN **B**